Impressum
Verlag: BABADADA GmbH, Nedderfeld 112 , 22529 Hamburg
Geschäftsführer / Verlagsleitung: Harald Hof
Druck: Books on Demand GmbH, In de Tarpen 42, 22848 Norderstedt

Imprint
Publisher: BABADADA GmbH, Nedderfeld 112 , 22529 Hamburg, Germany
Managing Director / Publishing direction: Harald Hof
Print: Books on Demand GmbH, In de Tarpen 42, 22848 Norderstedt

اسکول

el colegio

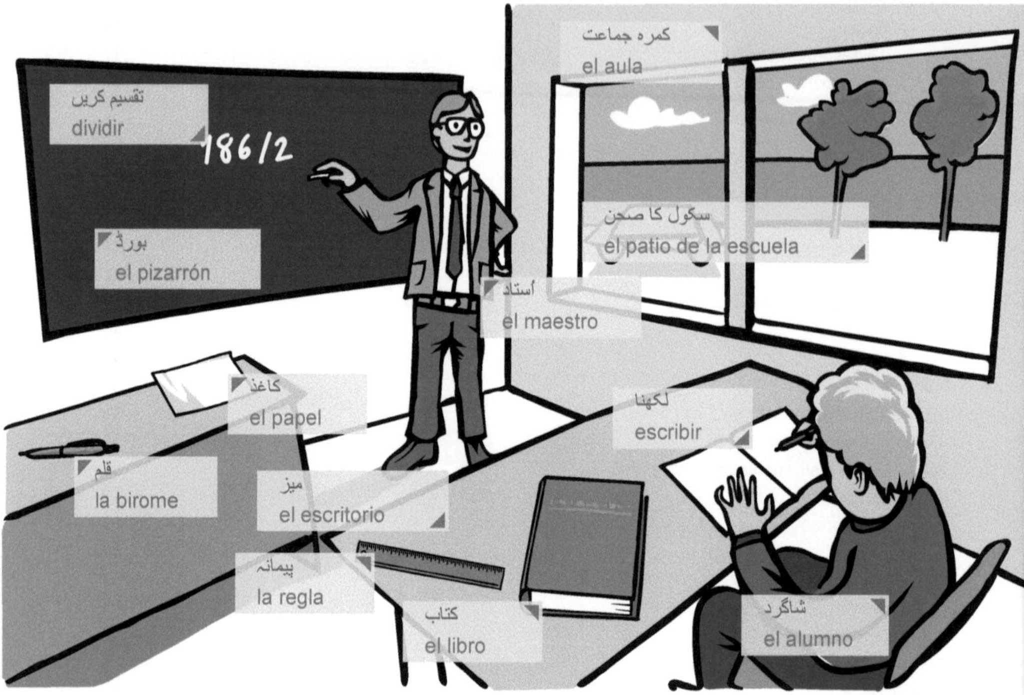
کمره جماعت
el aula
تقسیم کریں
dividir
186/2
بورڈ
el pizarrón
سکول کا صحن
el patio de la escuela
اُستاد
el maestro
کاغذ
el papel
لکھنا
escribir
قلم
la birome
میز
el escritorio
پیمانہ
la regla
کتاب
el libro
شاگرد
el alumno

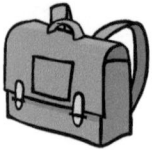

بستہ
la mochila

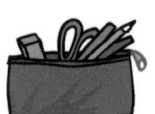

پینسل کیس
la caja de lápices

پینسل
el lápiz

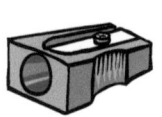

پینسل شارپنر
el sacapuntas

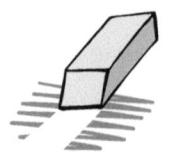

ربڑ
la goma (de borrar)

ڈرائنگ پیڈ
el bloc de dibujo

ڈرا〱نگ

el dibujo

پینٹ برش

el pincel

پینٹ باکس

la caja de pinturas

قینچی

la tijera

گوند

el pegamento

مشق کی کاپی

el cuaderno de ejercicios

ہوم ورک

la tarea

ہندسہ

el número

جمع کریں

sumar

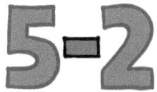

منفی کریں

restar

ضرب دیں

multiplicar

شمارکریں

calcular

خط

la letra

حروف تہجی

el abecedario

لفظ

la palabra

متن
....
el texto

پڑھنا
....
leer

چاک
....
la tiza

سبق
....
la lección

اندراج
....
el cuaderno de clase

امتحان
....
el examen

سند
....
el certificado

سکول یونیفارم
....
el uniforme escolar

تعلیم
....
la educación

انسائیکلوپیڈیا
....
la enciclopedia

یونیورسٹی
....
la universidad

خورد بین
....
el microscopio

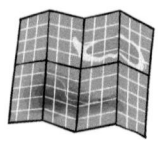

نقشہ
....
el mapa

ویسٹ پیپر باسکٹ
....
el tacho (de basura)

سفر

el viaje

ہوٹل
el hotel
Grand
باسٹل
el hostel
ROOMS
رقم تبدیل کرانے کیلئے دفتر
la casa de cambio
سوٹ کیس
la valija
کار
el auto

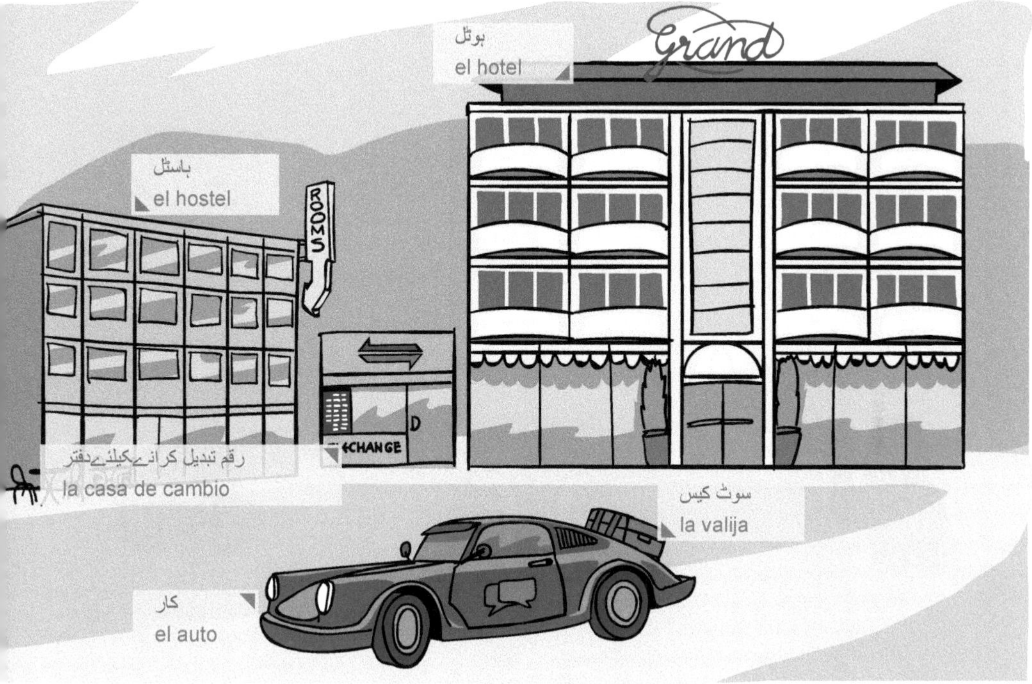

زبان

el idioma

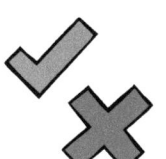

ہاں / نہیں

sí / no

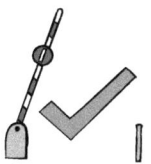

ٹھیک ہے

Está bien

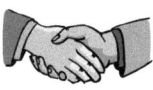

ہیلو

hola

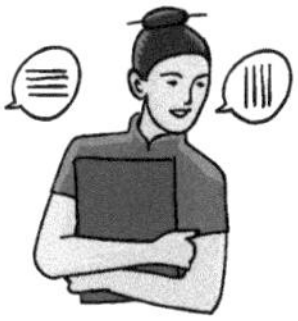

مُترجم

el traductor

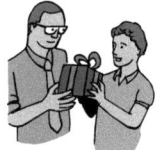

شُکریہ

Gracias

کی کیا قیمت ہے؟ ---

¿cuánto cuesta...?

میں نہیں سمجھتا

No entiendo

مشکل

el problema

شام بخیر!

¡Buenas tardes!

صبح بخیر!

¡Buenos días!

شب بخیر!

¡Buenas noches!

الوداع

el adiós

سمت

la dirección

سفری سامان

el equipaje

بیگ

el bolso

بیک پیگ

la mochila

مہمان

el invitado

کمرہ

la habitación

سلیپنگ بیگ

la bolsa de dormir

ٹینٹ

la carpa

سياحوں کے لئے معلومات

la información turística

ساحل

la playa

کریڈٹ کارڈ

la tarjeta de crédito

ناشتہ

el desayuno

لنچ

el almuerzo

ڈنر

la cena

ٹکٹ

el pasaje

لفٹ

el ascensor

مُہر

el sello

سرحد

la frontera

کسٹمز

la aduana

سفارت خانہ

la embajada

ویزا

la visa

پاسپورٹ

el pasaporte

نقل وحمل

el transporte

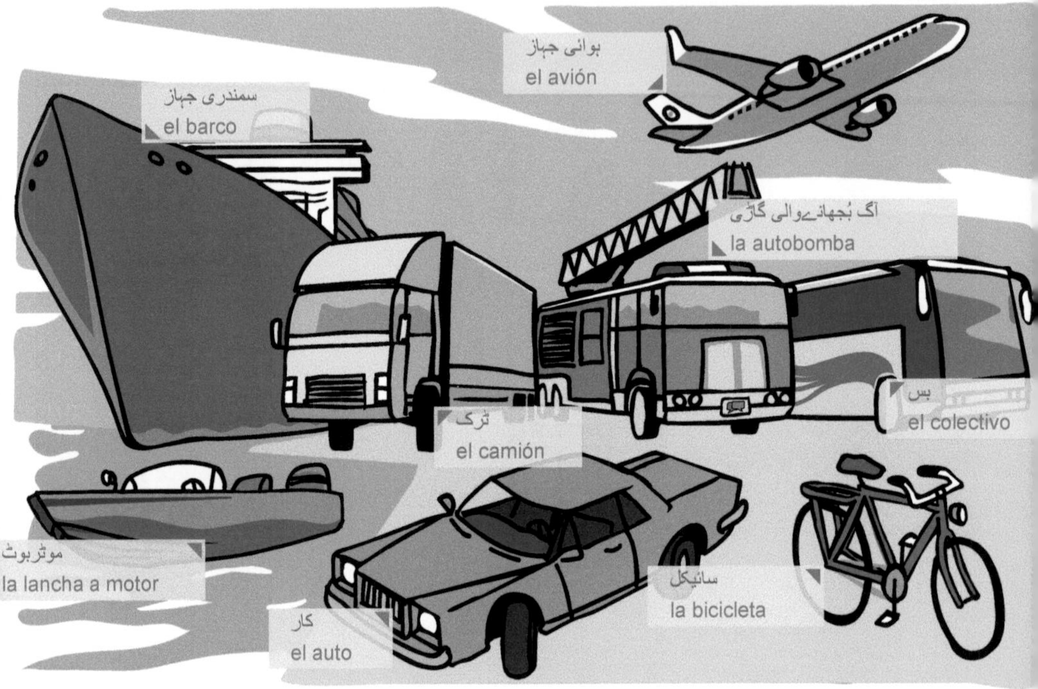

ہوائی جہاز
el avión
سمندری جہاز
el barco
آگ بُجھانے والی گاڑی
la autobomba
بس
el colectivo
ٹرک
el camión
موٹربوٹ
la lancha a motor
سائیکل
la bicicleta
کار
el auto

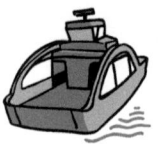

فیری

el ferry

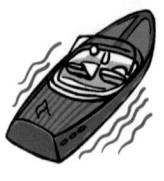

کشتی

el bote

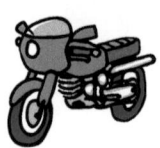

موٹرسائیکل

la moto

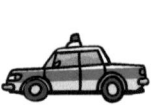

پولیس کار

el patrullero

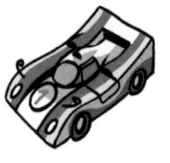

ریسنگ کار

el auto de carreras

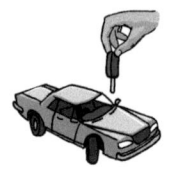

کرایہ پرکار

el auto de alquiler

کار کا اشتراک کرنا

el alquiler de autos

کھینچنے والا ٹرک

la grúa

کوڑے والا ٹرک

el camión de la basura

کار

el motor

ایندھن

la nafta

پٹرول اسٹیشن

la estación de servicio

ٹریفک کے نشانات

la señal de tránsito

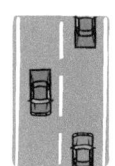

ٹریفک

el tránsito

ٹریفک جام

el embotellamiento

کار پارک

el estacionamiento

ٹرین اسٹیشن

la estación de tren

پٹڑیاں

las vías

ٹرین

el tren

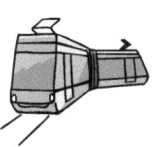

ٹرام

el tranvía

ویگن

el vagón

بیلی کاپٹر

el helicóptero

انرپورٹ

el aeropuerto

ٹاور

la torre

مسافر

el pasajero

کنٹینر

el contenedor

ڈبہ

la caja de cartón

ریڑھا

la carretilla

ٹوکری

la canasta

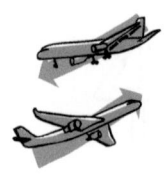

اڑان بھرنا / زمین پر اترنا

despegar / aterrizar

گاؤں

el pueblo

سٹی سنٹر

el centro de la ciudad

مکان

la casa

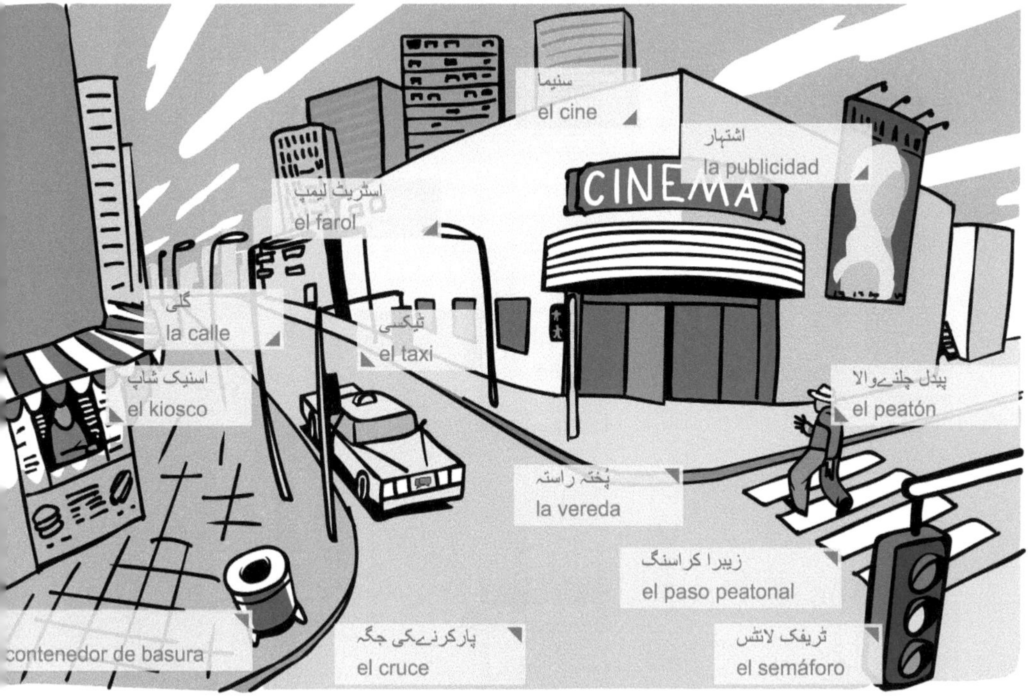

سنیما
el cine

اشتہار
la publicidad

CINEMA

اسٹریٹ لیمپ
el farol

گلی
la calle

ٹیکسی
el taxi

پیدل چلنے والا
el peatón

اسنیک شاپ
el kiosco

پُختہ راستہ
la vereda

زیبرا کراسنگ
el paso peatonal

contenedor de basura

پارکرنے کی جگہ
el cruce

ٹریفک لائٹس
el semáforo

ہٹ
la cabaña

فلیٹ
el departamento

ٹرین اسٹیشن
la estación de tren

ٹاؤن ہال
la municipalidad

عجائب گھر
el museo

اسکول
el colegio

یونیورسٹی

la universidad

بینک

el banco

ہسپتال

el hospital

ہوٹل

el hotel

فارمیسی

la farmacia

دفتر

la oficina

کتابوں کی دکان

la librería

دکان

el negocio

پھولوں کی دُکان

la florería

سُپرمارکیٹ

el supermercado

مارکیٹ

el mercado

ڈیپارٹمنٹ سٹور

las grandes tiendas

مچھلی کی دُکان

la pescadería

شاپنگ سنٹر

el centro comercial

بندرگاہ

el puerto

پارک

el parque

بینچ

el banco

پُل

el puente

سیڑھیاں

las escaleras

انڈرگراؤنڈ

el subte

سرنُگ

el túnel

بس اسٹاپ

la parada del colectivo

شراب خانہ

el bar

ریسٹورنٹ

el restaurante

پوسٹ باکس

el buzón

اسٹریٹ سائن

el letrero

پارکنگ میٹر

el parquímetro

چڑیا گھر

el zoológico

سوئمنگ پول

la pileta

مسجد

la mezquita

كھيت
....
la granja

آلودگی
....
la contaminación

قبرستان
....
el cementerio

چرچ
....
la iglesia

كھيل كا ميدان
....
los juegos infantiles

مندر
....
el templo

منظر

el paisaje

پتہ
la hoja

رہنمائی کرنے لنے لگا ہوا بورڈ
el poste indicador

راستہ
el camino

سبزہ زار
la pradera

پتھر
la piedra

درخت
el árbol

پيدل چلنے والا، بانكر
el excursionista

دريا
el río

گھاس
la hierba

پھول
la flor

وادی
....
el valle

پہاڑی
....
la montaña

جھیل
....
el lago

جنگل
....
el bosque

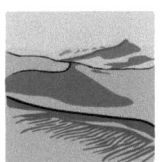

صحرا
....
el desierto

آتش فشاں
....
el volcán

قلعہ
....
el castillo

قوس قزح
....
el arco iris

کھمبی
....
el champiñón

کجھورکا درخت
....
la palmera

مچھر
....
el mosquito

مکھی
....
la mosca

چیونٹی
....
la hormiga

مکھی
....
la abeja

مکڑا
....
la araña

بھونرا
el escarabajo

مینڈک
la rana

گلہری
la ardilla

خارپُشت
el erizo

خرگوش
la liebre

الو
la lechuza

پرندہ
el pájaro

راج ہنس
el cisne

سؤر
el jabalí

برن
el ciervo

امریکی بارہ سنگھا
el alce

ڈیم
la presa

ہوا سےچلنےوالی ٹربائین
el aerogenerador

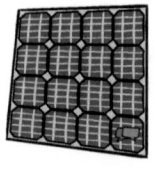

سولرپینل
el panel solar

آب وہوا
el clima

ریسٹورنٹ

el restaurante

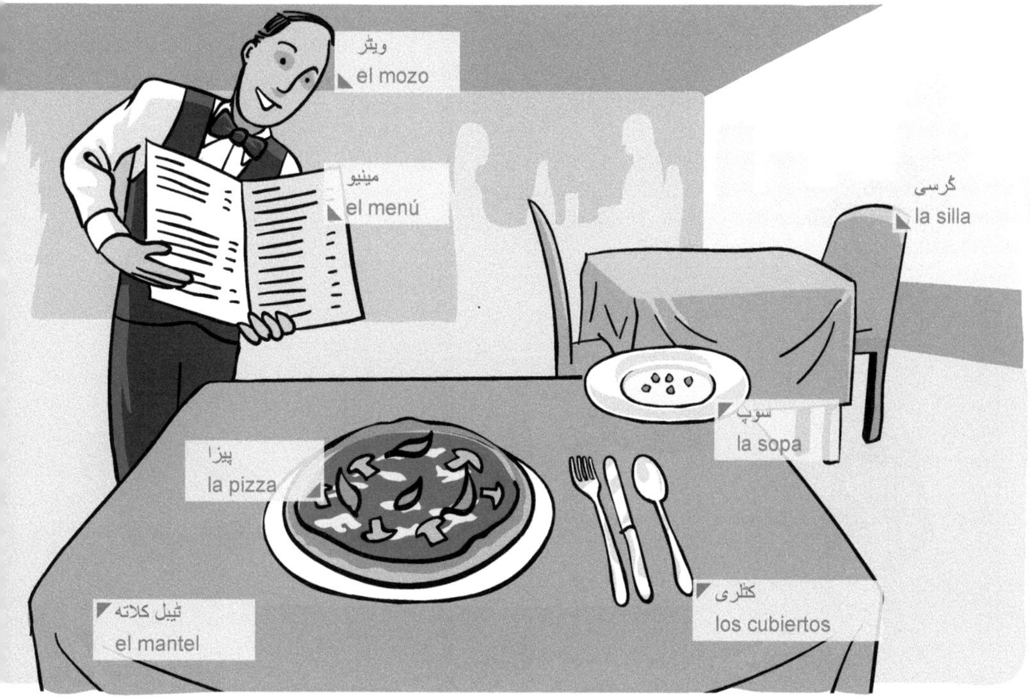

ویٹر
el mozo
مینیو
el menú
کرسی
la silla
سوپ
la sopa
پیزا
la pizza
ٹیبل کلاتھ
el mantel
کٹلری
los cubiertos

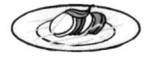

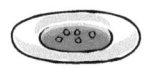

اسٹارٹر

....

la entrada

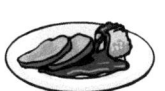

مین کورس

....

el plato principal

ڈیزرٹ

....

el postre

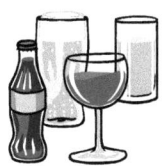

مشروبات

....

las bebidas

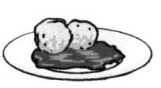

کھانےکی اشیاء

....

la comida

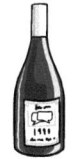

بوتل

....

la botella

فاسٹ فوڈ

la comida rápida

اسٹریٹ فوڈ

la comida callejera

چائےدانی

la tetera

شوگرباکس

la azucarera

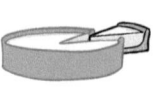

حصہ

la porción

ایسپریسو مشین

la cafetera expreso

اونچی کرسی

la sillita alta

بل

la cuenta

ٹرے

la bandeja

چھُری

el cuchillo

کانٹا

el tenedor

چمچ

la cuchara

چائےکا چمچ

la cucharita

سرویئٹی

la servilleta

شیشہ

el vaso

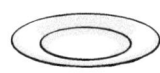

پلیٹ

el plato

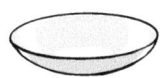

سوپ پلیٹ

el plato hondo

طشتری

el plato

چٹنی

la salsa

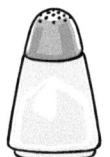

سالٹ شیکر

el salero

پیپرمل

el molinillo de pimienta

سرکہ

el vinagre

خوردنی تیل

el aceite

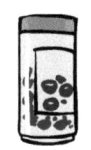

مصالحے

las especias

کیچپ

el kétchup

سرسوں

la mostaza

میئونیز

la mayonesa

سُپرمارکیٹ
el supermercado

خصوصی پیشکش
la oferta especial
FOR
گاہک
el cliente
ڈیری
los lácteos
پھل
la fruta
ٹرالی
el changuito

BUTCHERS

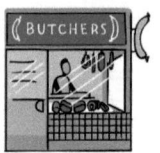

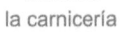

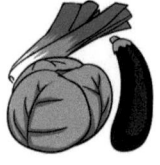

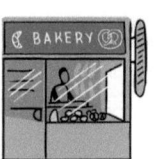

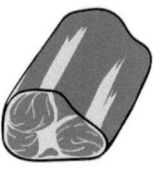

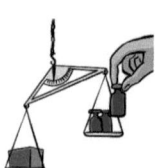

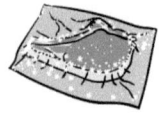

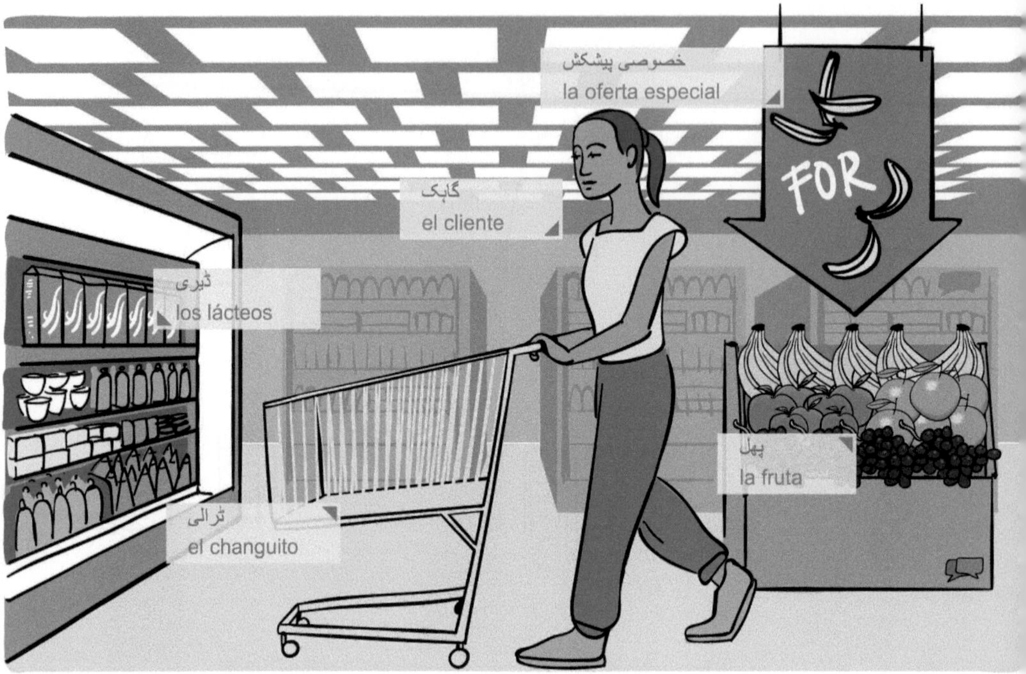

گوشت کی دُکان

la carnicería

BAKERY

بیکری

la panadería

وزن کرنا

pesar

سبزیاں

las verduras

گوشت

la carne

جما ہوا کھانا

los alimentos congelados

کولڈ کٹس

los fiambres

ڈبے میں بند کھانا

los alimentos enlatados

واشنگ پاؤڈر

el detergente en polvo

مٹھائیاں

las golosinas

گھریلو مصنوعات

los electrodomésticos

صاف کرنے کیلنے مصنوعات

los productos de limpieza

سیلزپرسن

la vendedora

کیش رجسٹر

la caja

کیشئیر

el cajero

خریداری کی فہرست

la lista de compras

اوقات کار

el horario de atención

بٹوہ

la billetera

کریڈٹ کارڈ

la tarjeta de crédito

تھیلا

la cartera

پلاسٹک کے تھیلے

la bolsa de plástico

پانی
....
el agua

جوس، رس
....
el jugo

دودھ
....
la leche

کوک
....
la bebida cola

وائن
....
el vino

بیئر
....
la cerveza

الکوحل
....
el alcohol

کوکوآ
....
el cacao

چائے
....
el té

کافی
....
el café

ایسپریسو
....
el café expreso

کیپاچینو
....
el cappuccino

کیلا

la banana

سیب

la manzana

مالٹا

la naranja

خربوزہ

el melón

لیموں

el limón

گاجر

la zanahoria

لہسن

el ajo

بانس

el bambú

پیاز

la cebolla

کھُمبی

el champiñón

اخروٹ، بادام وغیرہ

las nueces

نوڈلز

los fideos

اسپیگیٹی
....
los tallarines

چاول
....
el arroz

سلاد
....
la ensalada

چپس
....
las papas fritas

تلے ہوئے آلو
....
las papas fritas

پیزا
....
la pizza

ہیم برگر
....
la hamburguesa

سینڈوچ
....
el sándwich

کٹلیٹ
....
el churrasco

سؤر کی ران کا گوشت
....
el jamón

گوشت کی اطالوی ساسیج
....
el salame

ساسیج
....
la salchicha

مُرغی
....
el pollo

روسٹ
....
el asado

مچھلی
....
el pescado

جئی کا دلیہ

los copos de avena

میوزلی

el muesli

کارن فلیکس

los copos de maíz

آٹا

la harina

کرونیسنٹ

la medialuna

بریڈ رول

el pancito

بریڈ

el pan

ٹوسٹ

la tostada

بسکٹ

las galletitas

مکھن

la manteca

دہی

la cuajada

کیک

la torta

انڈا

el huevo

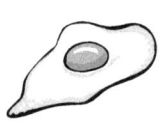

فرائی کیا گیا انڈّہ

el huevo frito

پنیر

el queso

آئس کریم
....
el helado

چینی
....
el azúcar

شہد
....
la miel

جام
....
la mermelada

ناؤگٹ کریم
....
la pasta de chocolate

سالن
....
el curry

کھیت

la granja

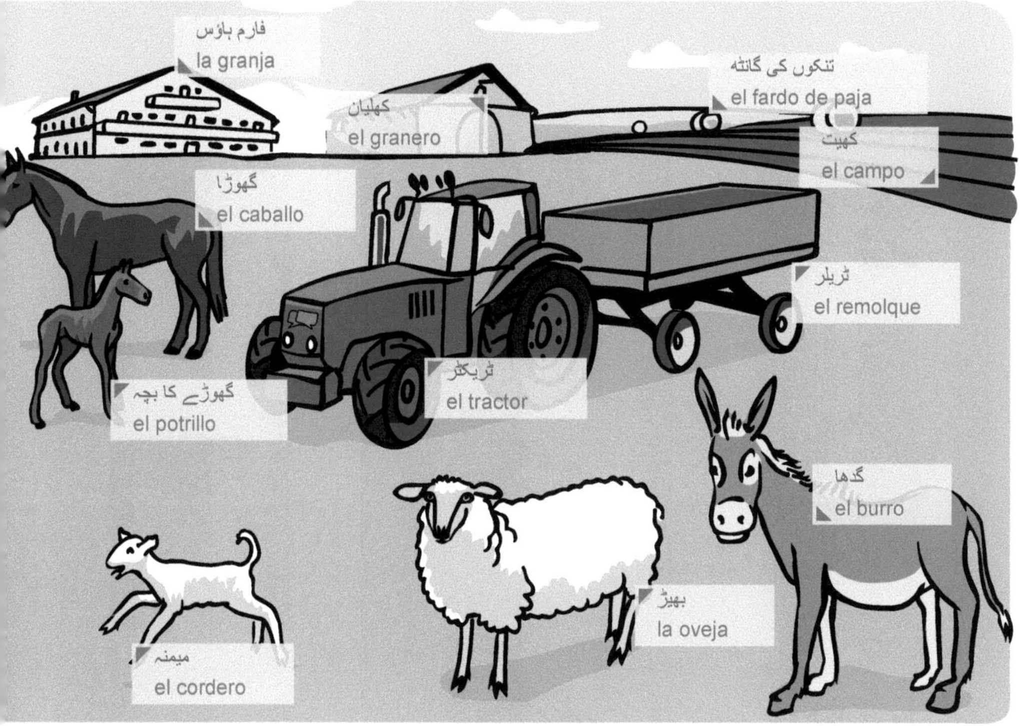
فارم ہاؤس
la granja
کھلیان
el granero
تنکوں کی گانٹھ
el fardo de paja
کھیت
el campo
گھوڑا
el caballo
ٹریلر
el remolque
گھوڑے کا بچہ
el potrillo
ٹریکٹر
el tractor
گدھا
el burro
بھیڑ
la oveja
میمنہ
el cordero

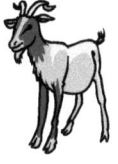

بکری
....
la cabra

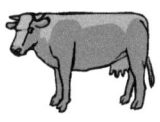

گائے
....
la vaca

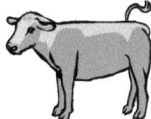

بچھڑا
....
el ternero

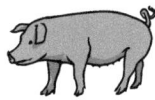

سؤر
....
el cerdo

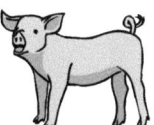

سؤر کا بچہ
....
el lechón

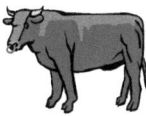

سانڈ
....
el toro

سنس راج

el ganso

خطب

el pato

چوزه

el pollo

مُرغی

la gallina

مُرغا

el gallo

چوبا

la rata

بلی

el gato

چوبا

el ratón

بیلچہ

el buey

گتا

el perro

گتے کا گھر

la cucha

گارڈن باؤس

la manguera

پانی کا کین

la regadera

درانتی

la guadaña

بل

el arado

درانتی

la hoz

بیلچہ

la azada

ترنگل

la horquilla

کلہاڑا

el hacha

بتہ گاڑی

la carretilla

حوض

el abrevadero

دودھ کا کین

la lechera

تھیلا

la bolsa

باڑ

la reja

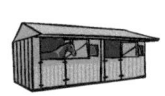

اصطبل

el establo

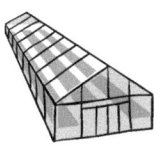

گرین ہاؤس

el invernadero

مٹی

el suelo

بیج

la semilla

فرٹیلائزر

el fertilizador

کمبائن ہارویسٹر

la cosechadora

فصل كاٹنا
....
cosechar

فصل كاٹنا
....
la cosecha

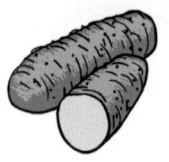

افریقی آلو
....
las batatas

گندم
....
el trigo

سویا
....
la soja

آلو
....
la papa

مکئی
....
el maíz

توریا کا تیل
....
la semilla de colza

پھلداردرخت
....
el árbol frutal

كساوا
....
la mandioca

دلیہ
....
los cereales

مکان

la casa

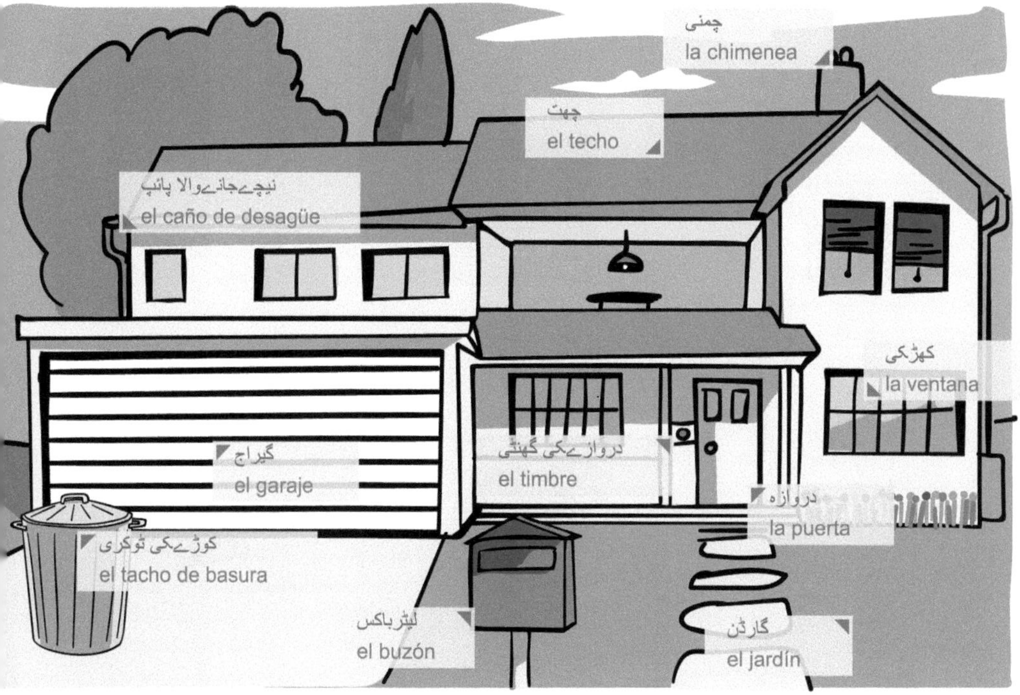
چمنی
la chimenea
چھت
el techo
نیچے جانے والا پائپ
el caño de desagüe
کھڑکی
la ventana
گیراج
el garaje
دروازے کی گھنٹی
el timbre
دروازہ
la puerta
کوڑے کی ٹوکری
el tacho de basura
لیٹر باکس
el buzón
گارڈن
el jardín

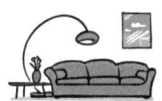

لوونگ روم

el living

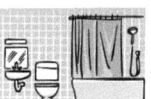

غسل خانہ

el baño

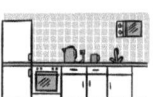

باورچی خانہ

la cocina

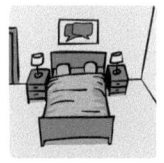

بیڈروم

el dormitorio

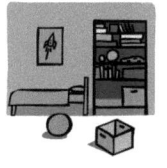

بچوں کا کمرہ

el cuarto de los chicos

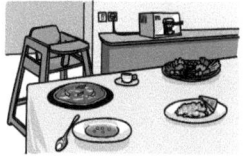

کھانے کا کمرہ

el comedor

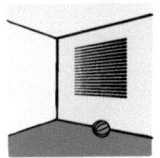

فرش
....
el piso

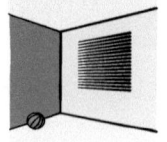

دیوار
....
la pared

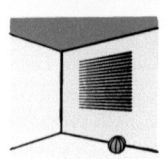

چھت
....
el cielorraso

تہ خانہ
....
el sótano

سوانا
....
el sauna

بالکونی
....
el balcón

ٹیریس
....
la terraza

پول
....
la pileta

گھاس کاٹنےکی مشین
....
la cortadora de pasto

چادر
....
la sábana

چادر
....
el acolchado

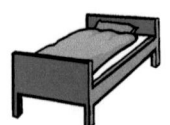

بستر
....
la cama

جھاڑو
....
la escoba

بالٹی
....
el balde

سونچ
....
el interruptor

لوونگ روم
el living

وال پیپر
el empapelado
تصویر
la imagen
لیمپ
la lámpara
شیلف
el estante
الماری
el armario
ٹیلی ویژن
la televisión
آتش دان
la chimenea
پھول
la flor
کُشن
el almohadón
صوفہ
el sofá
گلدان
el florero
ریموٹ کنٹرول
el control remoto

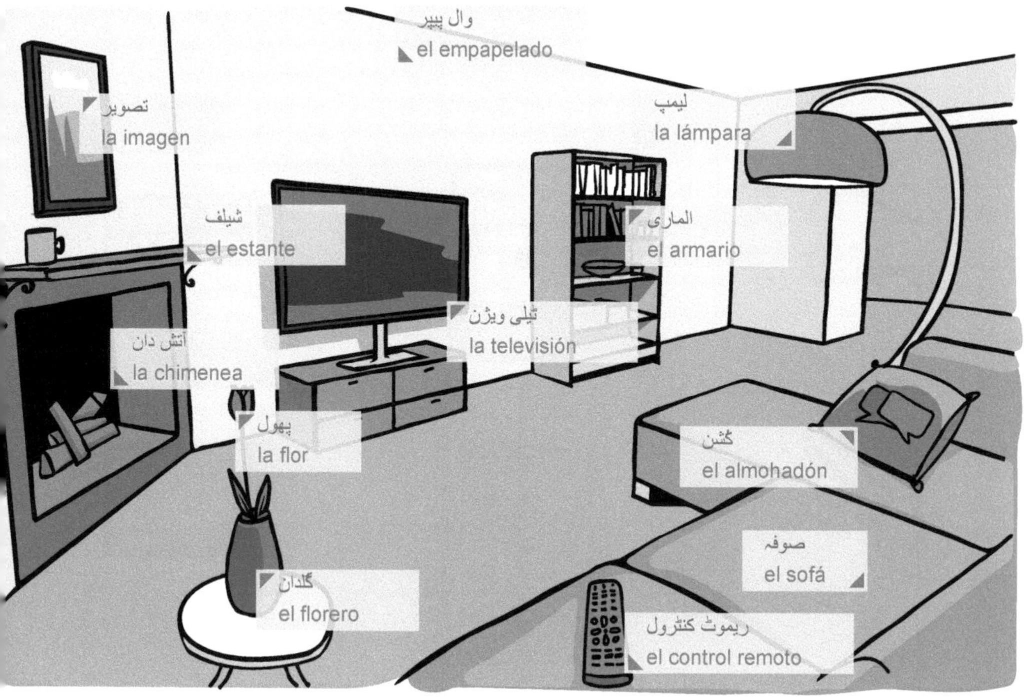

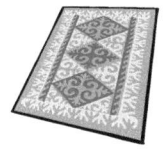

قالین
la alfombra

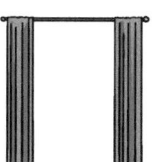

پردے
la cortina

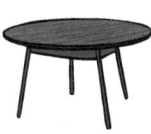

میز
la mesa

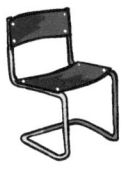

کُرسی
la silla

ہلنےوالی کُرسی
la mecedora

آرام کُرسی
el sillón

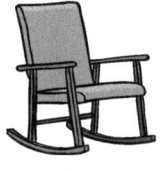

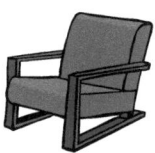

كتاب

el libro

كمبل

la frazada

آرائش

la decoración

جلانے کی لکڑی

la leña

فلم

la película

بانی فانی

el equipo de música

چابی

la llave

اخبار

el diario

پینٹنگ

la pintura

پوسٹر

el póster

ریڈیو

la radio

نوٹ بُک

el cuaderno

ویکیوم کلینر

la aspiradora

کیکٹس

el cactus

موم بتی

la vela

باورچی خانہ

la cocina

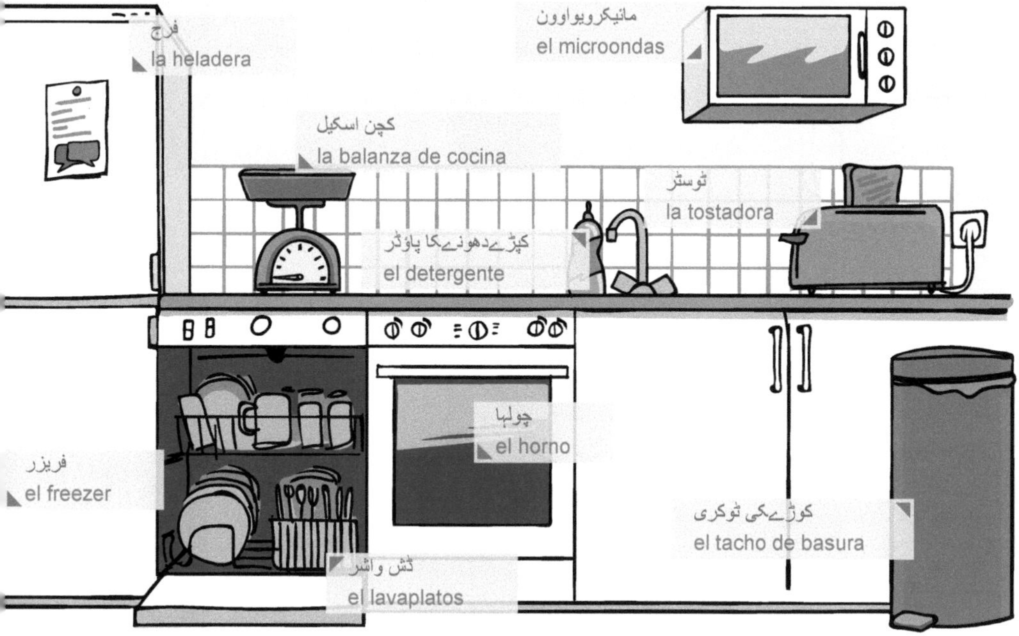

فرج
la heladera
مائیکروویواوون
el microondas
کچن اسکیل
la balanza de cocina
ٹوسٹر
la tostadora
کپڑے دھونے کا پاؤڈر
el detergente
چولہا
el horno
فریزر
el freezer
کوڑے کی ٹوکری
el tacho de basura
ڈش واشر
el lavaplatos

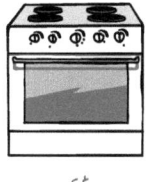

ککر

la cocina

برتن

la olla

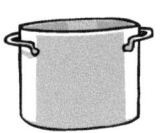

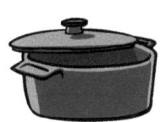

لوہے کا برتن

la olla de hierro fundido

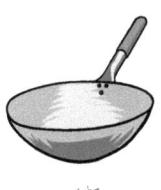

کڑاہی

el wok

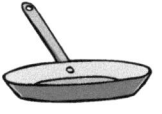

برتن

la sartén

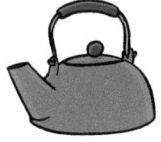

کیتلی

la pava

اسٹیمر
....
la vaporera

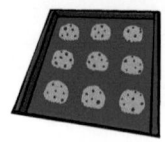

بیکنگ ٹرے
....
la bandeja de horno

کراکری
....
la vajilla

مگ
....
la taza

پیالہ
....
el bol

چاپ اسٹکس
....
los palitos

ڈونی
....
el cucharón

کفچہ
....
la espátula

جھاڑودینا
....
la batidora

مقطر
....
el colador

چھلنی
....
el colador

گریٹر
....
el rallador

کونڈی
....
el mortero

باربی کیو
....
la parrilla

کھُلی آگ
....
la fogata

چاپنگ بورڈ

la tabla de picar

بیلن

el palo de amasar

کارک اسکریو

el sacacorchos

کین

la lata

کین اوپنر

el abrelatas

برتن پکڑنےوالا کپڑا

la manopla

سنک

la pileta

برش

el cepillo

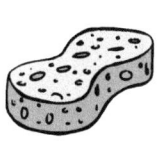

اسپونج

la esponja

بلینڈر

la batidora

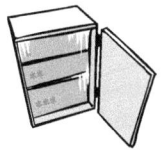

ڈیپ فریز

el congelador

بچےکی بوتل

la mamadera

ٹونٹی

la canilla

غسل خانه

el baño

شاور
la ducha

پیشنگ
la calefacción

توليه
la toalla

شاوركرتن
la cortina de la ducha

ببل باتھ
el baño de espuma

باتھ ٹب
la bañadera

واشنگ مشین
el lavarropas

شيشہ
el vaso

ٹونٹی
la canilla

ٹائلیں
las baldosas

پاٹی
la pelela

سنک
la pileta

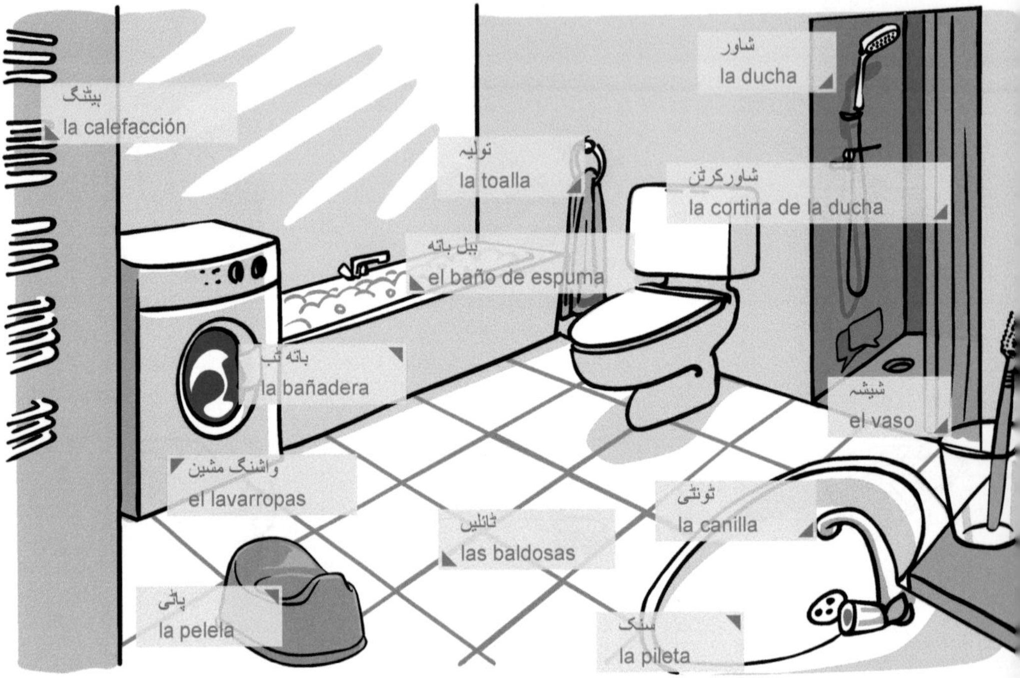

ٹائلٹ
el inodoro

دوزانوں بیٹھنےوالی ٹائلٹ
la letrina

نچلاحصہ دھونےکیلئےباتھ
el bidé

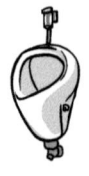

پیشاب گاہ
el mingitorio

ٹائلٹ پیپر
el papel higiénico

ٹائلٹ برش
el cepillo para el inodoro

ٹوتھ برش

el cepillo de dientes

ٹوتھ پیسٹ

el dentífrico

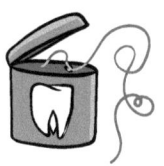

ڈینٹل فلاس

el hilo dental

دھونا

lavar

ہینڈ شاور

la ducha de mano

شاور

la ducha higiénica

بیسن

la palangana

بیک برش

el cepillo para la espalda

صابن

el jabón

شاورجل

el gel de ducha

شیمپو

el shampoo

فلالین

la toallita

ڈرین

el desagüe

کریم

la crema

ڈیوڈورنٹ

el desodorante

آئینہ

el espejo

ہاتھ میں پکڑا جانے والا آئینہ

el espejito

ریزر

la maquinita de afeitar

شیونگ فوم

la espuma de afeitar

آفٹرشیو

el aftershave

کنگھی

el peine

برش

el cepillo

ہیئرڈرائر

el secador de pelo

ہیئراسپرے

el spray

میک اپ

el maquillaje

لپ اسٹک

el lápiz de labios

نیل وارنش

el esmalte para uñas

روئی

el algodón

ناخن کاٹنے کی قینچی

la tijera para uñas

پرفیوم

el perfume

واش بیگ

el portacosméticos

پاخانہ

la banqueta

وزن کرنے کی مشین

la balanza

باتھ روب

la bata

ربڑ کے دستانے

los guantes de goma

ٹیمپون

el tampón

سینیٹری ٹاول

la toallita femenina

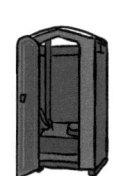

کیمیکل ٹائلٹ

el baño químico

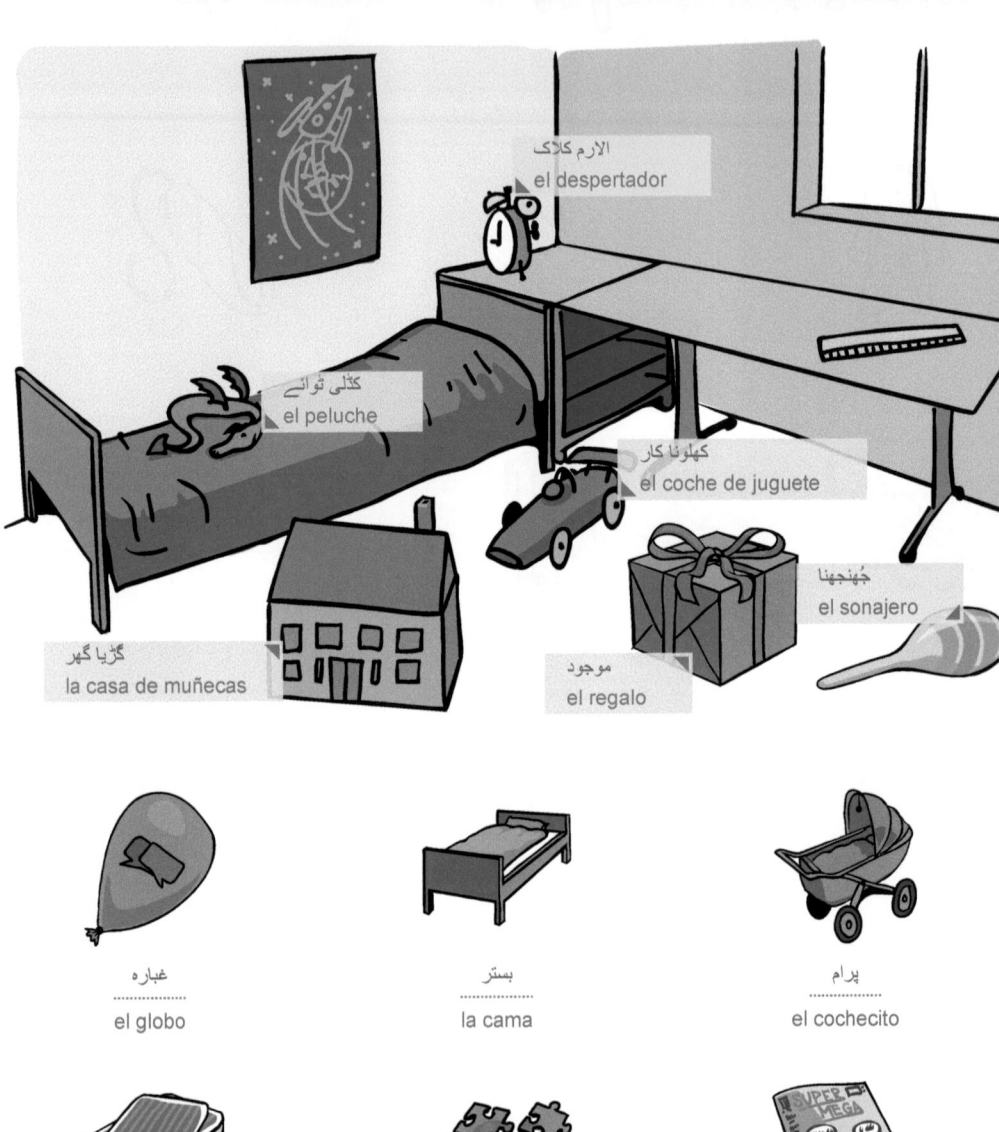

الارم کلاک
el despertador

کُتّی توائے
el peluche

کھلونا کار
el coche de juguete

جُھنجھنا
el sonajero

گڑیا گھر
la casa de muñecas

موجود
el regalo

غبارہ
el globo

بستر
la cama

پرام
el cochecito

ڈیک آف کارڈز
las cartas

جگسا
el rompecabezas

کامک
la historieta

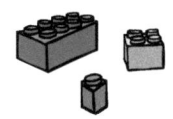

لیگوبرکس

las piezas de lego

کھلونا بلاکس

los ladrillos de juguete

ایکشن فگر

la figura de acción

بچےکا لباس

el enterito (de bebé)

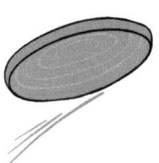

فرسبی

el frisbee

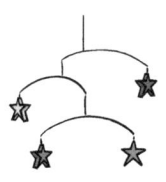

کھلونا موبائل

el móvil para bebés

بورڈ گیم

el juego de mesa

ڈائس

los dados

ماڈل ٹرین سیٹ

el tren eléctrico

ڈمی

el chupete

پارٹی

la fiesta

تصاویروالی کتاب

el libro de cuentos ilustrado

گیند

la pelota

گڑیا

la muñeca

کھیلنا

jugar

سینڈ پِٹ

el arenero

جھولا جھولنا

la hamaca

کھلونے

los juguetes

وڈيوگيم کنسول

la consola de videojuegos

تین پہیوں والی سائیکل

el triciclo

ٹیڈی بیئر

el osito de peluche

کپڑوں کی الماری

el armario

موزے

las medias

اسٹاکنگز

las medias panty

ٹائٹس

las calzas

اسکارف
la bufanda

چھتری
el paraguas

ٹی شرٹ
la remera

بیلٹ
el cinturón

بوٹ
las botas

سلیپر
las pantuflas

اسنیکرز
las zapatillas

سینڈل
las sandalias

جوتے
los zapatos

ربڑ کے بوٹس
las botas de goma

زیرجامہ
la ropa interior

بریزنیر
el corpiño

واسکٹ
el chaleco

لباس - la ropa 45

جسم

el body

پتلون

los pantalones

جینز

los jeans

اسکرٹ

la pollera

بلاؤز

la blusa

قمیض

la camisa

پُل اوور

el pulóver

سویٹر

el buzo

بلیزر

el blazer

جیکٹ

la campera

کوٹ

el tapado

رین کوٹ

el piloto

کوئی خاص لباس

el traje

لباس

el vestido

شادی کا لباس

el vestido de novia

سوٹ
....
el traje

نائٹ گاؤن
....
el camisón

پائجامہ
....
el pijama

ساڑھی
....
el sari

سرپرلیا جانےوالا اسکارف
....
el pañuelo para la cabeza

پگڑی
....
el turbante

بُرقع
....
la burka

کفتان
....
el caftán

عبایہ
....
la abaya

تیراکی کا سوٹ
....
el traje de baño

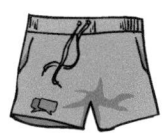

ٹرنک
....
el short de baño

نیکر
....
los shorts

ٹریک سوٹ
....
el jogging

اپرن
....
el delantal

دستانے
....
los guantes

بٹن
....
el botón

عینک
....
los anteojos

کنگن
....
la pulsera

ہار
....
el collar

انگوٹھی
....
el anillo

کانوں کی بالیاں
....
el aro

ٹوپی
....
la gorra

کوٹ ہینگر
....
la percha

ہیٹ
....
el sombrero

ٹائی
....
la corbata

زپ
....
el cierre

ہیلمٹ
....
el casco

بریسز
....
los tiradores

سکول یونیفارم
....
el uniforme escolar

وردی
....
el uniforme

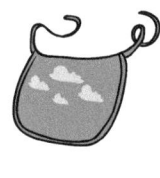

بب

el babero

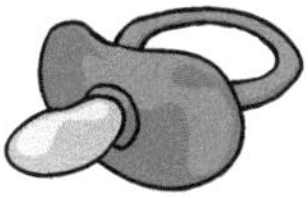

ڈمی

el chupete

نیپی

el pañal

دفتر

la oficina

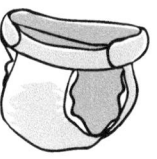

سرور
el servidor
فائلوں کی الماری
el archivero
پرنٹر
la impresora
کاغذ
el papel
مانیٹر
el monitor
ماؤس
el mouse
میز
el escritorio
فولڈر
la carpeta
کی بورڈ
el teclado
ویسٹ پیپرباسکٹ
el tacho (de basura)
کمپیوٹر
la computadora
کرسی
la silla

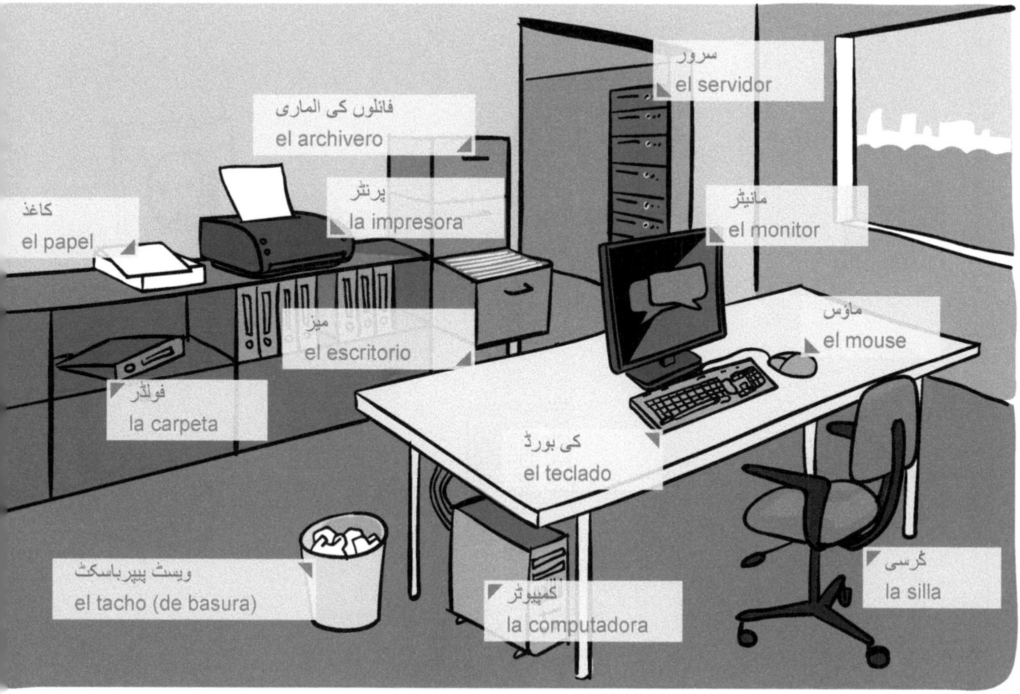

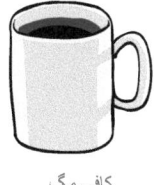

کافی مگ

la taza de café

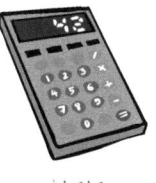

کیلکولیٹر

la calculadora

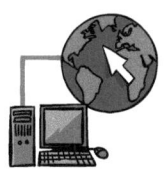

انٹرنیٹ

el internet

لیپ ٹاپ

la laptop

خط

la carta

پیغام

el mensaje

موبائل

el celular

نیٹ ورک

la red

فوٹوکاپئیر

la fotocopiadora

سافٹ وئیر

el software

ٹیلی فون

el teléfono

پلگ ساکٹ

el tomacorriente

فیکس مشین

el fax

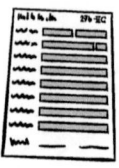

فارم

el formulario

دستاویز

el documento

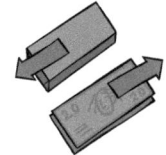

خریدنا

comprar

ادائیگی کرنا

pagar

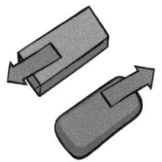

تجارت کرنا

hacer negocios

رقم

el dinero

ڈالر

el dólar

یورو

el euro

ین

el yen

روبل

el rublo

سوئس فرانک

el franco suizo

رینمنیبی یوآن

el yuan

روپیہ

la rupia

کیش پوائنٹ

el cajero automático

رقم تبدیل کرانے کیلئنے دفتر

la casa de cambio

سونا

el oro

چاندی

la plata

خام تیل

el petróleo

توانائی

la energía

قیمت

el precio

معاہدہ

el contrato

ٹیکس

el impuesto

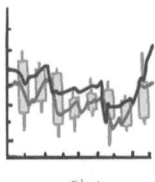

اسٹاک

la acción

کام کرنا

trabajar

ملازم

el empleado

آجر

el empleador

فیکٹری

la fábrica

دکان

el negocio

پیشے
las ocupaciones

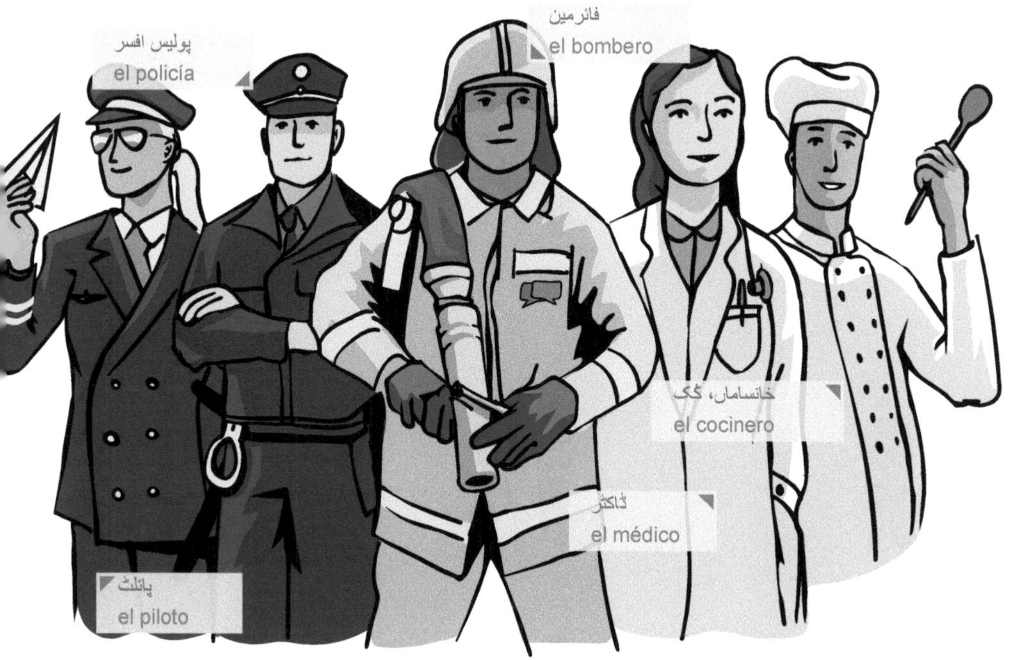

پولیس افسر
el policía
فائرمین
el bombero
خانساماں، کُک
el cocinero
ڈاکٹر
el médico
پائلٹ
el piloto

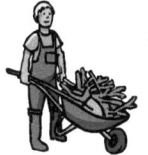

مالی

el jardinero

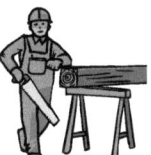

ترکھان

el carpintero

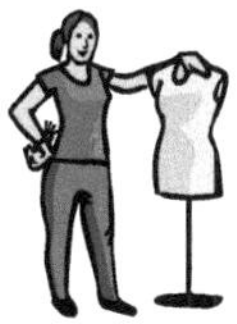

درزن

la modista

جج

el juez

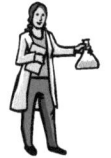

کیمسٹ

el farmacéutico

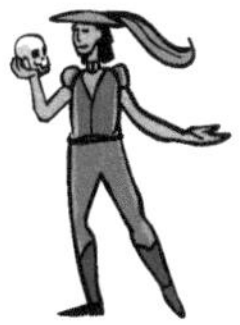

اداکار

el actor

بس ڈرائیور

el colectivero

ٹیکسی ڈرائیور

el taxista

مچھیرا

el pescador

صفائی کرنےوالی عورت

la mucama

چھت بنانےوالا

el techista

ویٹر

el mozo

شکاری

el cazador

پینٹر

el pintor

بیکر

el panadero

الیکٹریشین

el electricista

بلڈر

el albañil

انجینیر

el ingeniero

قصائی

el carnicero

پلمبر

el plomero

ڈاکیا

el cartero

سپاہی

el soldado

آرکیٹیکٹ

el arquitecto

کیشیئر

el cajero

پھول بیچنےوالا

el florista

نائی

el peluquero

کنڈکٹر

el cobrador

مکینک

el mecánico

کپتان

el capitán

ڈینٹسٹ

el dentista

سائنسدان

el científico

یہودی عالم

el rabino

امام

el imán

راہب

el monje

پادری

el sacerdote

اوزار
las herramientas

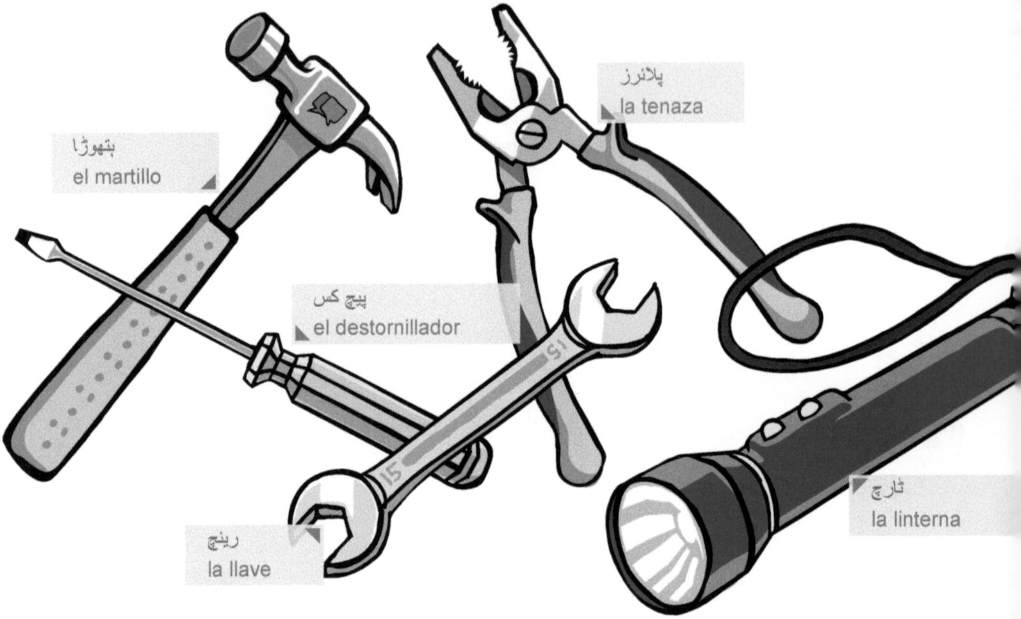
ہتھوڑا
el martillo
پلائرز
la tenaza
پیچ کس
el destornillador
رینچ
la llave
ٹارچ
la linterna

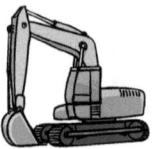

ایکسکویٹر

la excavadora

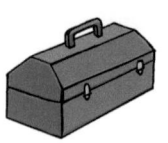

ٹول باکس

la caja de herramientas

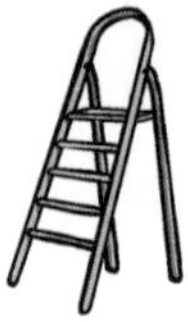

سیڑھی

la escalera portátil

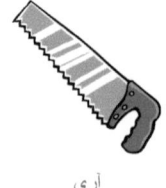

آری

la sierra

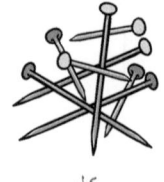

کیل

los clavos

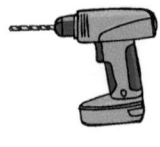

ڈرل

el taladro

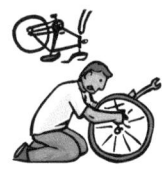

مرمت کرنا

arreglar

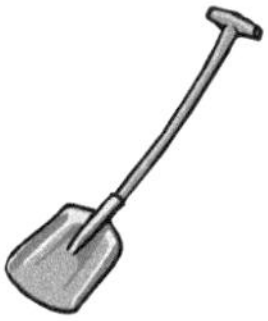

بیلچہ

la pala de jardín

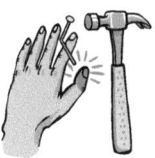

لعنت ہو!

¡Qué bronca!

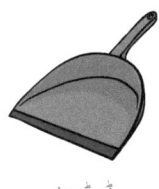

ڈسٹ پین

la pala de plástico

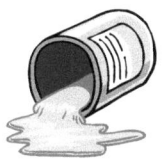

پینٹ پاٹ

el tacho de pintura

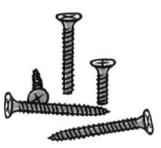

پیچ

los tornillos

آلات موسیقی

los instrumentos musicales

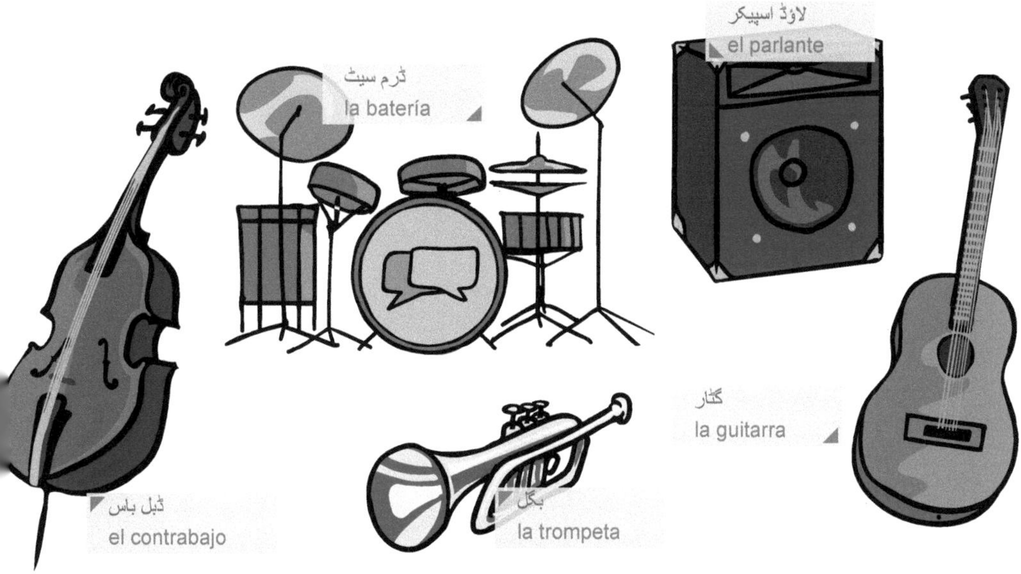

لاؤڈ اسپیکر
el parlante
ڈرم سیٹ
la batería
گٹار
la guitarra
ڈبل باس
el contrabajo
بگل
la trompeta

پیانو

el piano

وائلن

el violín

موسیقی کی آواز

el bajo

ٹمپانی

los timbales

ڈھول، ڈرمز

el tambor

کی بورڈ

el teclado

سیکسوفون

el saxofón

بانسری

la flauta

مائیکروفون

el micrófono

چڑیا گھر

el zoológico

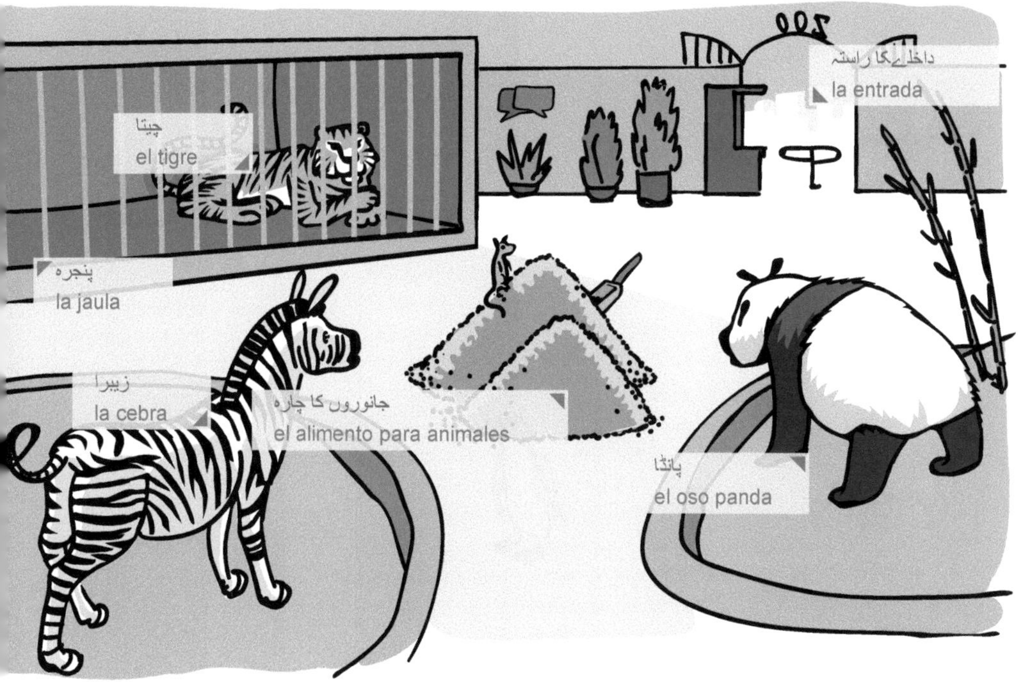

چیتا
el tigre
داخلے کا راستہ
la entrada
پنجرہ
la jaula
زیبرا
la cebra
جانوروں کا چارہ
el alimento para animales
پانڈا
el oso panda

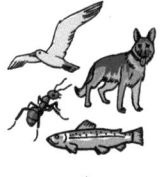

جانور

los animales

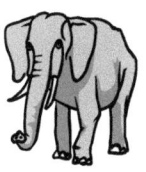

ہاتھی

el elefante

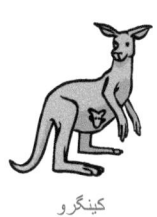

کینگرو

el canguro

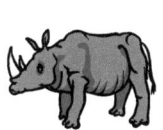

گینڈا

el rinoceronte

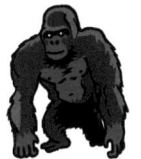

گوریلا

el gorila

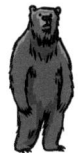

ریچھ

el oso

اونٹ
....
el camello

شُتر مُرغ
....
el avestruz

شیر
....
el león

بندر
....
el mono

فلیمنگو
....
el flamenco

طوطا
....
el loro

قطبی ریچھ
....
el oso polar

کبوتر
....
el pingüino

شارک
....
el tiburón

مور
....
el pavo real

سانپ
....
la serpiente

مگرمچھ
....
el cocodrilo

چڑیا گھر کا محافظ
....
el cuidador del zoológico

سیل
....
la foca

امریکی تیندوا
....
el jaguar

ٹٹو

el poni

چیتا

el leopardo

دریائی گھوڑا

el hipopótamo

زرافہ

la jirafa

عقاب

el águila

سؤر

el jabalí

مچھلی

el pescado

کچھوا

la tortuga

سمندری گھوڑا

la morsa

لومڑی

el zorro

غزال ہرن

la gacela

امریکن فٹ بال
el fútbol americano

سائیکلنگ
el ciclismo

ٹینس
el tenis

باسکٹ بال
el básquet

پیراکی
la natación

باکسنگ
el boxeo

آئس ہاکی
el hockey sobre hielo

فٹ بال
el fútbol

بیڈمنٹن
el bádminton

اتھلیٹکس
el atletismo

ہینڈ بال
el handball

اسکیننگ
el esquí

پولو
el polo

سرگرمیاں
las actividades

چھلانگ ل
ltar
گلے لگانا
abrazar
ہنسنا
reír
چلنا
caminar
گانا
cantar
خواب دیکھنا
soñar
دُعا کرنا
rezar
چُومنا
besar

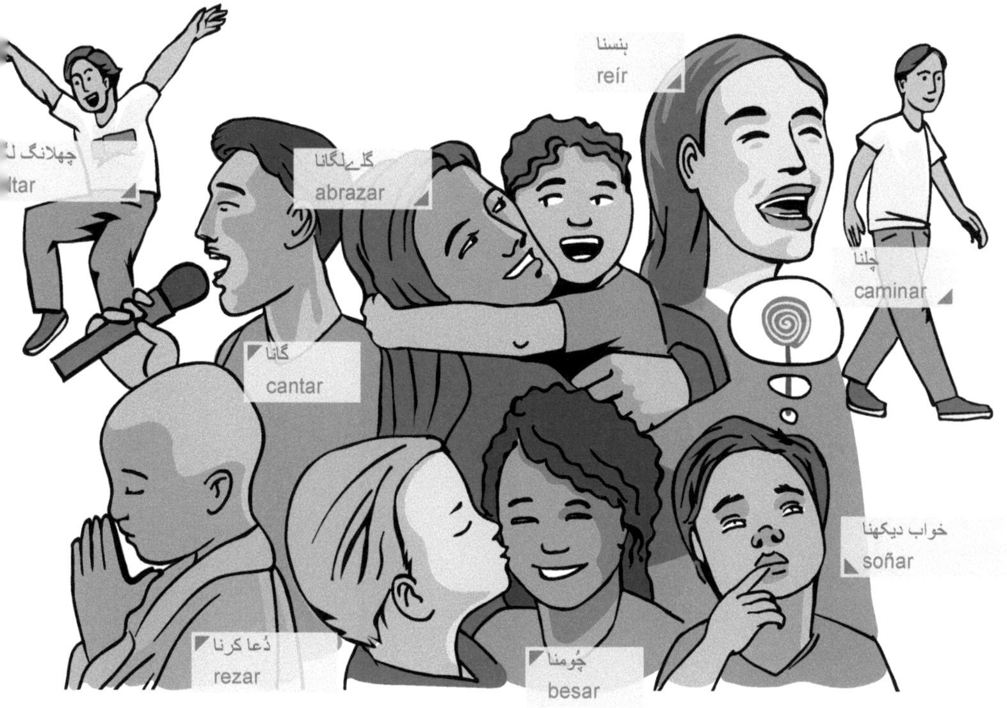

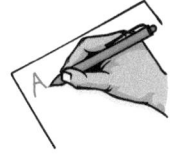

لکھنا

escribir

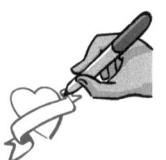

تصویرکشی کرنا

dibujar

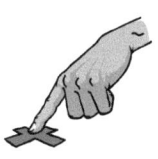

دکھانا

mostrar

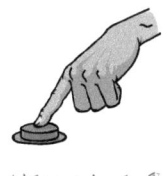

آگے کی طرف دھکیلنا

presionar

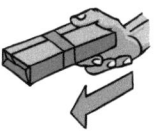

دینا

dar

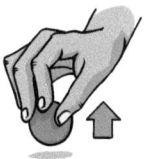

لینا

tomar

رکھنا

tener

کرنا

hacer

ہونا

ser

کھڑا ہونا

estar parado

دوڑنا

correr

کھینچنا

tirar

پھینکنا

tirar

گرنا

caer

جھوٹ بولنا

estar acostado

انتظار کرنا

esperar

اٹھانا

llevar

بیٹھنا

estar sentado

ملبوس ہونا

vestirse

سونا

dormir

جاگنا

despertar

دیکھنا

mirar

رونا

llorar

چوٹ لگانا

acariciar

کنگھی کرنا

peinar

بات کرنا

hablar

سمجھنا

entender

پوچھنا

preguntar

مُتوجہ ہونا

escuchar

پینا

beber

کھانا

comer

صاف کرنا

ordenar

پیار کرنا

amar

پکانا

cocinar

گاڑی چلانا

manejar

اڑنا

volar

بحری سفرکرنا

navegar

شمارکریں

calcular

پڑھنا

leer

سیکھنا

aprender

کام کرنا

trabajar

شادی کرنا

casarse

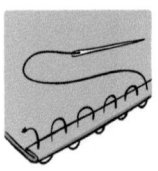

سینا

coser

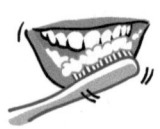

دانت صاف کرنا

cepillarse los dientes

جان سےماردینا

matar

تمباکونوشی کرنا

fumar

بھیجنا

enviar

la familia

دادی
la abuela

دادا
el abuelo

باپ
el padre

مان
la madre

طفل
el bebé

بیٹی
la hija

بیٹا
el hijo

مہمان
el invitado

چچی
la tía

چچا
el tío

بھائی
el hermano

بہن
la hermana

el cuerpo

ماتھا
la frente

آنکھ
el ojo

کندھا
el hombro

انگلی
el dedo

چہرہ
la cara

ٹھوڑی
la pera

ہاتھ
la mano

چھاتی
el pecho

ٹانگ
la pierna

بازو
el brazo

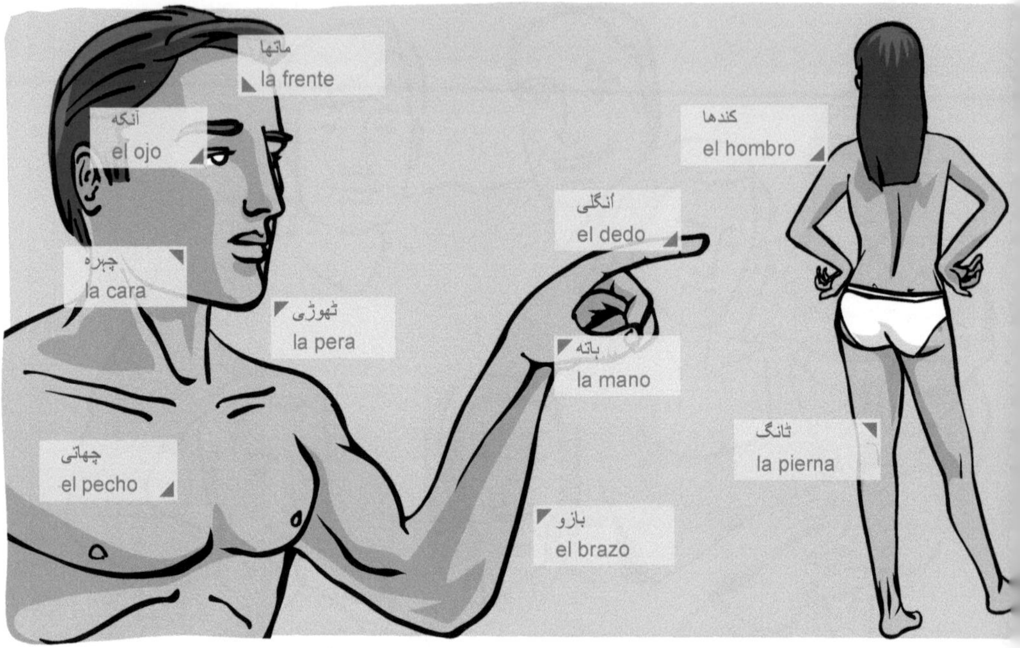

طفل
el bebé

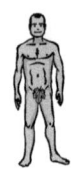

آدمی
el hombre

عورت
la mujer

لڑکی
la nena

لڑکا
el nene

سر
la cabeza

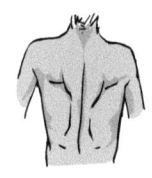

کمر
....
la espalda

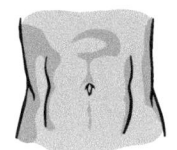

پیٹ
....
la panza

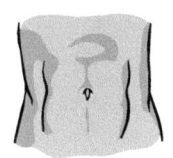

ناف
....
el ombligo

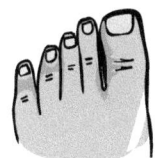

پاؤں کا انگوٹھا
....
el dedo del pie

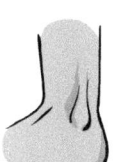

ایڑھی
....
el talón

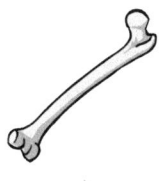

ہڈی
....
el hueso

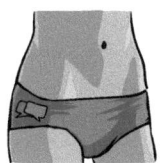

کولہا
....
la cadera

گھٹنا
....
la rodilla

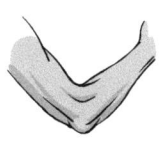

کہنی
....
el codo

ناک
....
la nariz

نچلا حصہ
....
la cola

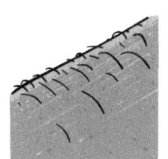

جلد
....
la piel

گال
....
el cachete

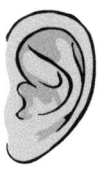

کان
....
la oreja

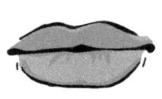

ہونٹ
....
el labio

مُنہ
....
la boca

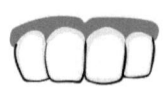

دانت
....
el diente

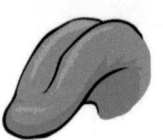

زُبان
....
la lengua

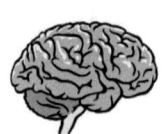

دماغ
....
el cerebro

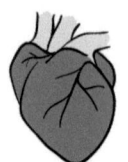

دل
....
el corazón

پٹھہ
....
el músculo

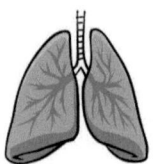

پھیپھڑا
....
el pulmón

جگر
....
el hígado

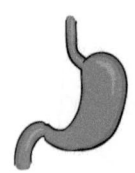

معدہ
....
el estómago

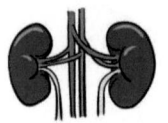

گردے
....
los riñones

جنس
....
el sexo

کنڈوم
....
el preservativo

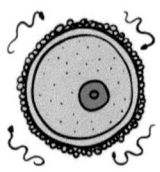

بیضہ
....
el óvulo

ماده منویہ
....
el semen

حمل
....
el embarazo

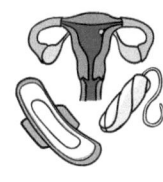

حيض

la menstruación

اندام نهانى

la vagina

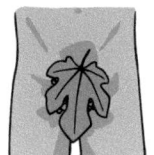

عضوتناسل

el pene

بهنويس

la ceja

el pelo

بال

گردن

el cuello

ہسپتال
el hospital

ہسپتال
el hospital
ایمبولینس
la ambulancia
وہیل چیئر
la silla de ruedas
ہڈی ٹوٹنا
la fractura

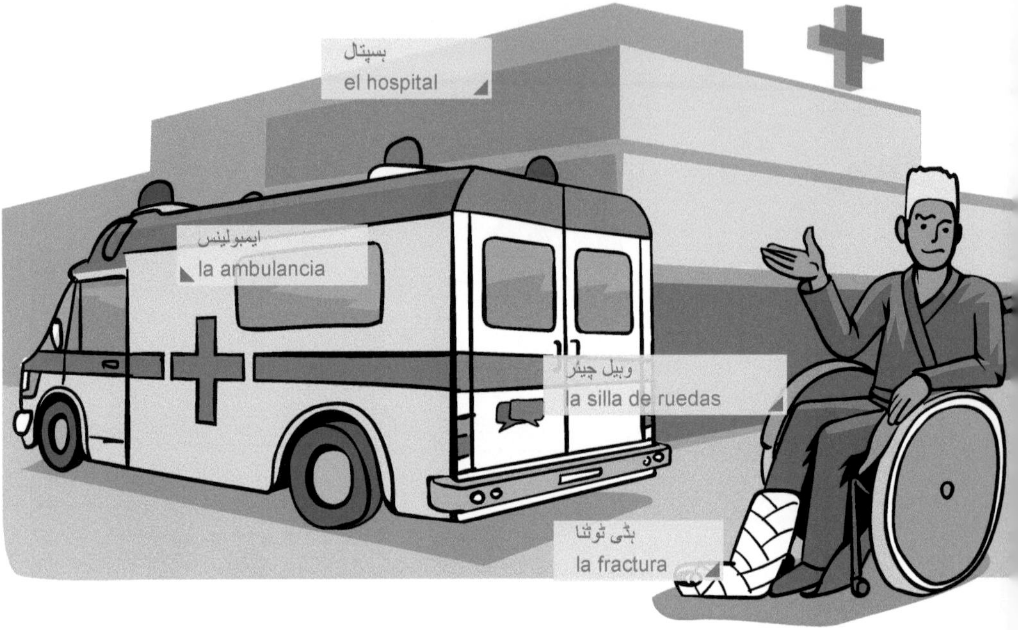

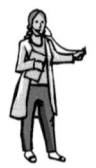

ڈاکٹر

el médico

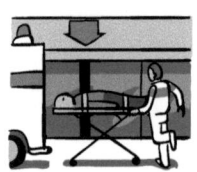

ہنگامی کمرہ

la sala de guardia

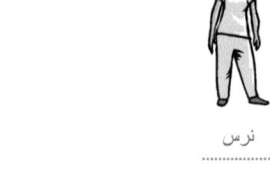

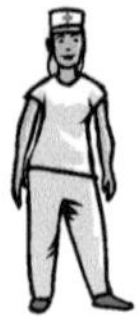

نرس

la enfermera

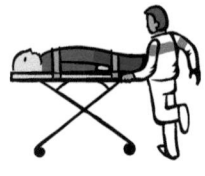

ہنگامی صورتحال

la emergencia

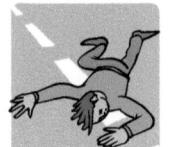

بےہوش

inconsciente

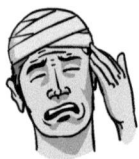

درد

el dolor

زخم
....
la lesión

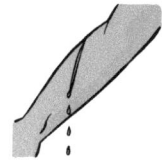

خون بہنا
....
la hemorragia

دل کا دورہ
....
el infarto

فالج
....
el ACV

الرجی
....
la alergia

کھانسی
....
la tos

بخار
....
la fiebre

زکام
....
la gripe

اسہال
....
la diarrea

سردرد
....
el dolor de cabeza

کینسر
....
el cáncer

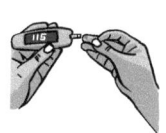

ذیابیطس
....
la diabetes

سرجن
....
el cirujano

نشتر
....
el bisturí

آپریشن
....
la operación

	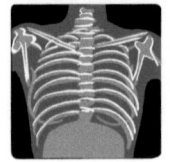	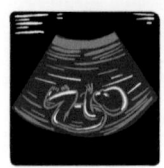
سی ٹی	ایکس رے	الٹراساؤنڈ
la TC	los rayos x	la ecografía

چہرے کا نقاب	بیماری	انتظارگاہ
el barbijo	la enfermedad	la sala de espera

بیساکھی	پلاسٹر	پٹی
la muleta	la curita	la venda
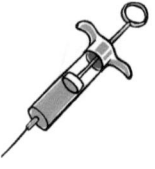	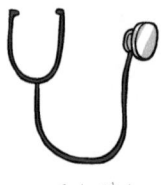	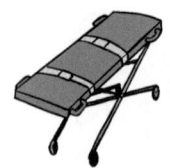
انجکشن	اسٹیتھواسکوپ	اسٹریچر
la inyección	el estetoscopio	la camilla

مطبی تھرما میٹر	پیدائش	حد سےزیادہ وزن
el termómetro	el nacimiento	el sobrepeso

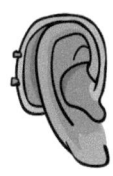

آلہ سماعت

el audífono

جراثیم کش

el desinfectante

انفیکشن

la infección

وائرس

el virus

ایچ آئی وی/ ایڈز

el VIH / SIDA

دوا

el remedio

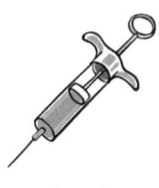

ویکسی نیشن

la vacunación

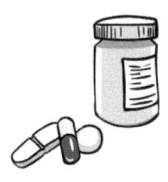

گولیاں

los comprimidos

گولی

la pastilla anticonceptiva

ہنگامی کال

llamada de emergencia

بلڈ پریشرمانیٹر

el tensiómetro

بیمار / صحتمند

enfermo / sano

مدد!

¡Ayuda!

الارم

la alarma

مُجرمانہ حملہ

la agresión

حملہ

el ataque

خطرہ

el peligro

ہنگامی راستہ

la salida de emergencia

آگ!

¡Fuego!

آگ بُجھانےوالہ آلہ

el matafuego

حادثہ

el accidente

ابتدائی طبی امداد کی کٹ

el botiquín de primeros auxilios

ایس اوایس

el SOS

پولیس

la policía

يورپ

Europa

شمالی امریکه

América del Norte

جنوبی امریکه

América del Sur

افریقه

África

ايشيا

Asia

آسټريليا

Australia

بحراوقيانوس

el Atlántico

بحرالكابل

el Pacífico

بحربند

el Océano Índico

بحرقُطب جنوبی

el Océano Antártico

بحرقُطب شمالی

el Océano Ártico

قُطب شمالی

el polo norte

قُطب جنوبی
....
el polo sur

انٹارکٹیکا
....
la Antártida

زمین
....
la Tierra

زمین
....
la tierra

سمَندر
....
el mar

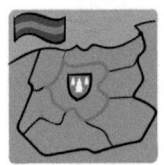

جزیرہ
....
la isla

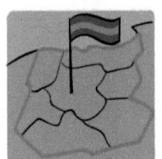

قوم
....
la nación

ریاست
....
el estado

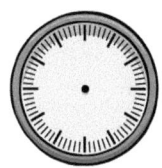

کلاک کا سامنے کا حصہ

la esfera

گھنٹوں والی سوئی

la manecilla de las horas

منٹوں والی سوئی

el minutero

سیکنڈ ہینڈ

el segundero

کیا وقت ہوا ہے؟

¿Qué hora es?

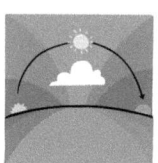

دن

el día

وقت

la hora

اب

ahora

ڈیجیٹل گھڑی

el reloj digital

منٹ

el minuto

گھنٹہ

la hora

la semana

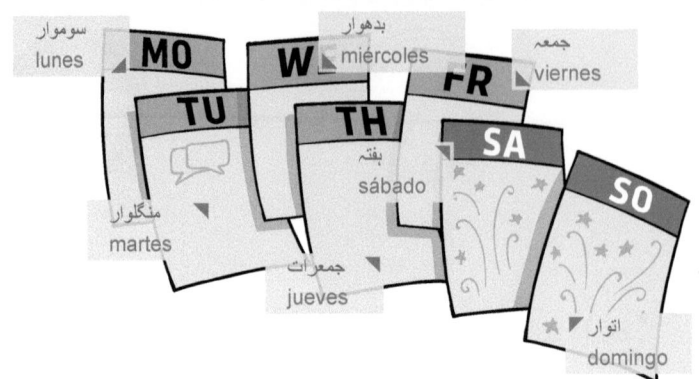

سوموار
lunes

بدھوار
miércoles

جمعہ
viernes

منگلوار
martes

ہفتہ
sábado

جمعرات
jueves

اتوار
domingo

گزرا کل
....
ayer

آج
....
hoy

کل
....
mañana

صبح
....
la mañana

دوپہر
....
el mediodía

شام
....
la tarde

کاروباری دن
....
los días hábiles

ہفتے کا اختتام
....
el fin de semana

سال
el año

بارش
la lluvia
قوس قزح
el arco iris
برف
la nieve
ہوا
el viento
بہار
la primavera
خزاں
el otoño
موسم گرما
el verano
موسم سرما
el invierno

4.APRIL 11°
5.APRIL 4°
6.APRIL 13°
7.APRIL 8°
8.APRIL 10°

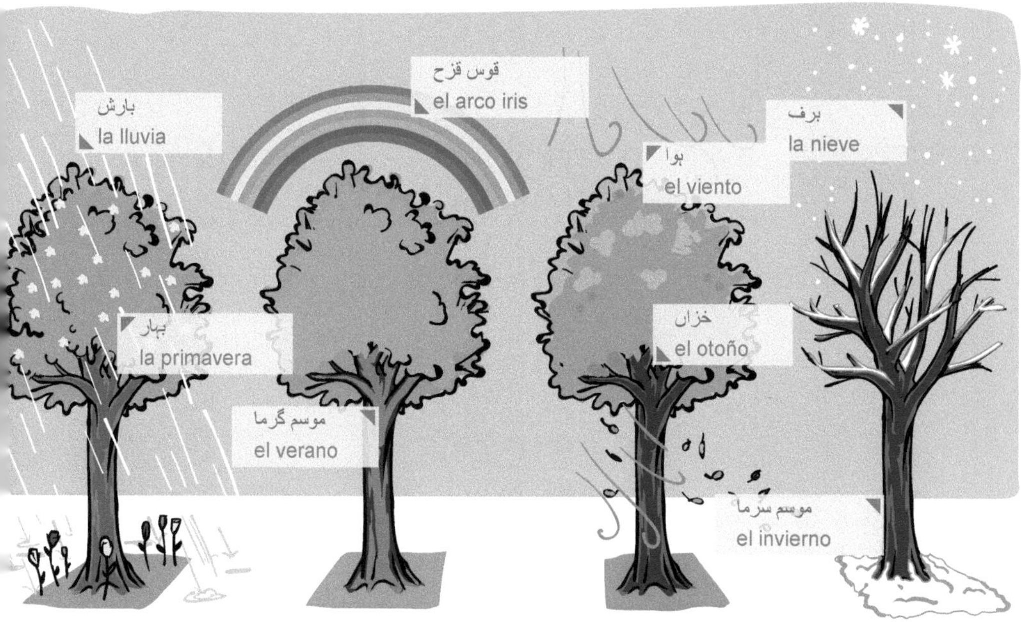

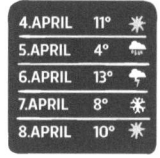

موسمی پیش گوئی

pronóstico meteorológico

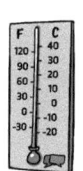

F
C
120
90
60
30
0
-30
40
30
20
10
0
-10
-20

تھرما میٹر

el termómetro

دھوپ

la luz del sol

بادل

la nube

دُھند

la niebla

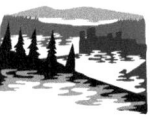

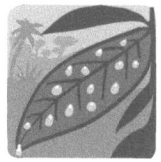

حبس

la humedad

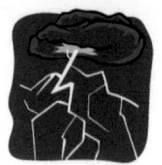

بجلی کوندھنا
....
el rayo

بادلوں کی گرج
....
el trueno

طوفان
....
la tormenta

ژالہ باری
....
el granizo

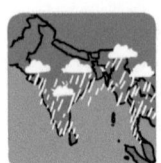

مون سون
....
el monzón

سیلاب
....
la inundación

برف
....
el hielo

جنوری
....
enero

فروری
....
febrero

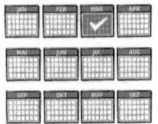

مارچ
....
marzo

اپریل
....
abril

مئی
....
mayo

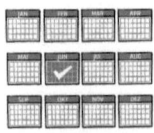

جون
....
junio

جولائی
....
julio

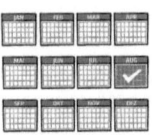

اگست
....
agosto

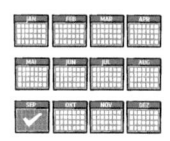

ستّمبر

....

septiembre

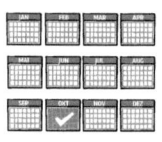

اكتوبر

....

octubre

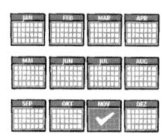

نوّمبر

....

noviembre

ديسمبر

....

diciembre

اشكال

las formas

دائره

....

el círculo

چوكور

....

el cuadrado

مُستطيل

....

el rectángulo

تكون

....

el triángulo

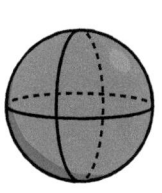

گره

....

la esfera

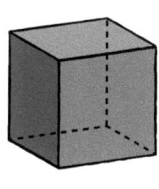

مكعب

....

el cubo

سفید

blanco

پیلا

amarillo

نارنجی

naranja

گلابی

rosa

سُرخ

rojo

جامنی

violeta

نیلا

azul

سبز

verde

بھورا

marrón

مٹیالا

gris

سیاہ

negro

los opuestos

بہت زیادہ / بہت کم

mucho / poco

ناراض / پُرسکون

enojado / tranquilo

خوبصورت / بدصورت

lindo / feo

آغاز / اختتام

el principio / el fin

بڑا / چھوٹا

grande / chico

روشن / اندھیرا

claro / oscuro

بھائی / بہن

el hermano / la hermana

صاف / گندا

limpio / sucio

مکمل / نامکمل

completo / incompleto

دن / رات

el día / la noche

زندہ / مُردہ

muerto / vivo

چوڑا / تنگ

ancho / angosto

کھانے کے قابل ہونا / کھانے کے قابل نہ
ہونا

comestible / no comestible

بُرا / اچھا

malo / amable

پُرجوش / بوریت کا شکار

entusiasmado / aburrido

موٹا / دُبلا

gordo / flaco

پہلا / آخری

primero / último

دوست / دُشمن

el amigo / el enemigo

بھرا ہوا / خالی

lleno / vacío

سخت / نرم

duro / blando

بوجھل / ہلکا

pesado / liviano

بھوک / پیاس

el hambre / la sed

بیمار / صحتمند

enfermo / sano

غیر قانونی / قانونی

ilegal / legal

عقلمند / بیوقوف

inteligente / estúpido

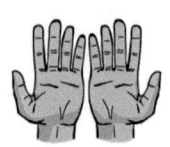

بائیں / دائیں

izquierda / derecha

نزدیک / دور

cerca / lejos

نیا / پُرانا

nuevo / usado

کچھ نہیں / کچھ ہے

nada / algo

بوڑھا / نوجوان

viejo / joven

آن / آف

encendido / apagado

کُھلا / بند

abierto / cerrado

خاموش / بُلند آواز

silencioso / ruidoso

امیر / غریب

rico / pobre

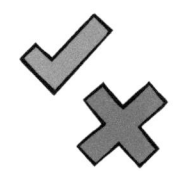

ٹھیک / غلط

correcto / incorrecto

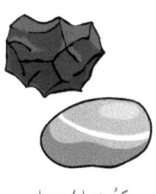

کھُردرا / ہموار

áspero / suave

افسردہ / خوش

triste / contento

مُختصر / طویل

corto / largo

آہستہ / تیز

lento / rápido

گیلا / خُشک

mojado / seco

گرم / ٹھنڈا

caliente / frío

جنگ / امن

guerra / paz

los números

0	**1**	**2**
صفر	ایک	دو
cero	uno	dos
3	**4**	**5**
تین	چار	پانچ
tres	cuatro	cinco
6	**7**	**8**
چھ	سات	آٹھ
seis	siete	ocho
9	**10**	**11**
نو	دس	گیاره
nueve	diez	once

12

باره

doce

13

تیره

trece

14

چوده

catorce

15

پندره

quince

16

سوله

dieciséis

17

ستره

diecisiete

18

اتھاره

dieciocho

19

أنیس

diecinueve

20

بیس

veinte

100

سو

cien

1.000

ہزار

mil

1.000.000

دس لاکه

el millón

انگریزی

el inglés

امریکی انگریزی

el inglés americano

چینی مینڈارین

el chino mandarín

ہندی

el hindi

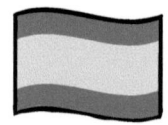

ہسپانوی

el español

فرانسیسی

el francés

عربی

el árabe

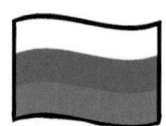

روسی

el ruso

پُرتگالی

el portugués

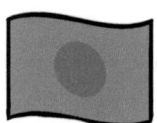

بنگالی

el bengalí

جرمن

el alemán

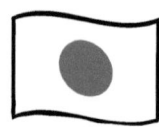

جاپانی

el japonés

میں

yo

تم

vos

وہ (لڑکا) / وہ (لڑکی) / یہ

él / ella

ہم

nosotros

تم

ustedes

وہ

ellos

کون؟

¿quién?

کیا؟

¿qué?

کیسے؟

¿cómo?

کہاں؟

¿dónde?

کب؟

¿cuándo?

نام

el nombre

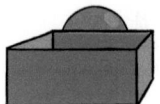

پیچھے

detrás

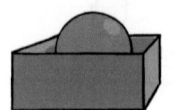

میں

en

کے سامنے

adelante de

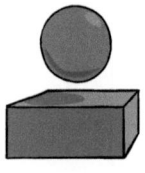

اوپر

por encima de

پر

sobre

نیچے

debajo de

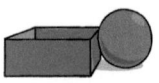

ساتھ

al lado de

درمیان

entre

جگہ

el lugar